火伏せ稲荷縁起

ひぶせいなりえんぎ

鎌倉幕府倒幕の本尊ここに眠る

堀口禅應 著

今日の話題社

はじめに

この本をお読みいただき、ありがとうございます。
私は、群馬県安中市にある「石尊山《せきそんざん》 自在寺《じざいじ》」という寺の住職をしております。
当寺では、裏本尊として「火伏《ひぶ》せ稲荷《いなり》」を祀《まつ》っています。
これは鎌倉時代、後醍醐天皇が幕府打倒のため極秘裏に祈祷した際に拝んだものです。
その後、鎌倉幕府は急激な展開の中で倒されますが、その倒幕劇には祈祷の成果が大きかったことは、否定できないと考えております。

この本では、この火伏せ稲荷とその数奇な経緯について、お伝えしていきたいと思います。


また、この自在寺は、十年ほど前に私が建立したものです。

ここに至るまでにはたくさんの不思議なご縁がありましたが、遡って考えてみると、私の出自を含め、八百年以上も前からの因縁によって、この地に建てることになったとも言えるのです。

そのあたりのこともお伝えしていくことで、あの長い戦い、そしてその後の世に生きた人々の供養になればと存じます。


私は幼少の頃から、不思議なものを見たり体験してきました。その不思議なお話もコラムに収録したのでお楽しみいただければ幸いです。

合掌

火伏せ稲荷縁起　目次

第二章　現代に続く物語…………43

第一章　鎌倉幕府を倒した火伏せ稲荷

自在寺の裏本尊、火伏せ稲荷

北陸新幹線・安中榛名《あんなかはるな》駅の北側、小高い山を少し登ったところに、私が建立し、初代住職を務める「石尊山《せきそんざん》 自在寺《じざいじ》」があります。

自在寺は曹洞宗に属しております。曹洞宗の寺では、伽藍を守護する神を祀ることになっていて、「裏本尊」あるいは「土地護伽藍神《どちごがらんじん》」と呼んでいます。

自在寺でも、裏本尊（土地護伽藍神）を祀っており、それが本書の題名にもある「火伏《ひぶ》せ稲荷」なのです。

自在寺

この稲荷神は、古くから荼枳尼天《だきにてん》と同一視されてきました。他にも仏教との関係が深く、私の寺に来たことにも、意味を見いだすことができます。

ところで、この火伏せ稲荷は、正式な呼び名は赤石《あかいし》稲荷大明神です。私がかつて修業した寺の師から受け継いで、現在は私の寺で裏本尊として祀っていますが、私で二十一代目になります。この火伏せ稲荷は、たいへん長い、まさに歴史そのものと言ってよい時間の中を過ごしてきたのです。

また「はじめに」でも触れましたように、鎌倉時代、後醍醐天皇が幕府打倒のために祈祷した際に拝んだのが、実はこの火伏せ稲荷そのものでした。

それからほどなくして、実際に鎌倉幕府は倒されましたが、驚くほどの短期間に急展開した要因の一つに、火伏せ稲荷が介在していたからと考えずにはいられません。

後ほど、この火伏せ稲荷がこれまで経てきた歴史をたどりつつ、登場する縁の人々の物語もご紹介していきたいと思います。

火伏せ稲荷と荼枳尼天

稲荷神の種類は六あるとされ、天狐、地狐、金狐、銀狐、白狐、そして黒狐です。当寺に伝わる火伏せ稲荷は、その一番位が高いとされる天狐です。

先ほど触れたように古くから稲荷神は荼枳尼天《だきにてん》と同一とされてきましたが、そもそも荼枳尼とは梵語（サンスクリット）でダーキニーと言います。

インドの城壁の外側には尸陀林《しだりん》という死体置き場があり、そこで死体を喰らう生き物を夜干（ジャッカルまたは狐類）と呼ばれるのですが、そこには必ず女神ダーキニーの祠が存在するそうです。そのダーキニーは暗黒女神カーリー神とも同一です。

この女神は遺体を貪り喰っていましたが、ある時にマハーカーラ神（日本に渡った名前は大黒天）に悟らされ、完全な神格を得て、遺体を喰らうことをやめます。そして、人の死期を司る見えない力として崇められるようになりました。

その後、ダーキニー神は荼枳尼天として日本に渡ってきて、稲荷神と

荼枳尼天が稲荷権現となったお姿

同一とされ、万能的な願望成就の「稲荷神＝荼枳尼天」として完成していったのです。

中国の古典には「狐は寿命が八百歳、五百歳になると人間に化ける」「夜中、尾を撃って火を出し、髑髏をいただいて北斗を拝す。その髑髏が頭より落ちなければ人となる」とあります。

北斗七星は古来、死を司る星と言われ、ここでも狐つまり稲荷そして荼枳尼天が死と関連していることが見て取れます。

平安時代には、真言密教布教に伴って「荼枳尼天の別号を白辰狐菩薩と称し、稲荷の神体これなり」と説かれ、稲荷信仰が密教系修験者や巫女を介して全国的に広まっていきました。

弘法大師空海が裏で祀った本尊も、実はこの荼枳尼天だったと言われています。

白辰狐菩薩とは辰狐王とも呼ばれ、この「辰」というのは時刻や季節の目印になる星のことですが、ここでは北斗七星のことを指します。北斗七星の精である狐の王、それが辰狐王ということです。

十二世紀初頭に白河法皇が修した大北斗法の祭文では「北斗七星は七曜を統括し、八方を照臨し、上は天神を輝かし、下は人間を直し、以て善意を司り、以て禍福を分かつ　云々」と礼賛されています。

また、空海が請来した胎蔵界曼荼羅で、仏の世界を護る外金剛部《げこんごうぶ》には、九星（七曜・九曜）と、眷属神、二十八宿星神、十二宮星神といったおびただしい数の星神が描かれていました。

九曜とは、起源はインドにあり、サンスクリットではナヴァグラハと言い、インドの密教占星術（日本では宿曜道《すくようどう》）に由来します。中国で不動の中心星である妙見（北斗）が帝王の星に仮託され、そこに、天にあるものは地上の人臣の命運を司るという観念も付加されて、星辰信仰に発達しました。やがて北斗星は日本にて星辰王（荼枳尼天）そのものとされていったのです。

この九曜の星は図案化され、家紋としても使用されました。実は私の堀口家に裏家紋として伝わっているのもこの九曜の星です。

九曜の星は、北斗信仰を指し示したものです。中央の大きな黒星は太陽を表し、周りの八つが月、火星、水星、木星、金星、土星、そして凶星である羅睺星《らごしょう》と計都星《けいとせい》を表しています。

火伏せ稲荷（二月、初午供養）

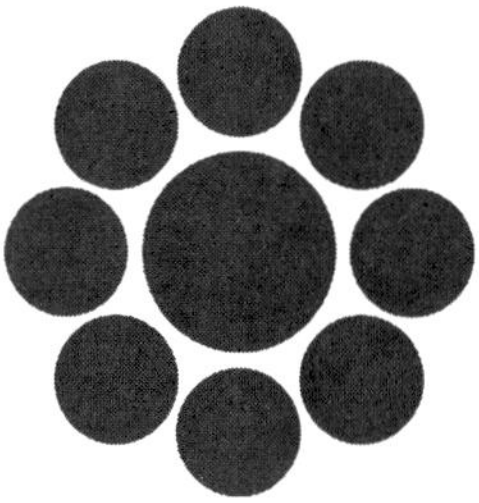

九曜紋

鎌倉幕府倒幕の原動力

本書のサブタイトルにある「鎌倉幕府倒幕の本尊」に興味のある方も多いことと思います。

それは、後醍醐天皇が倒幕の祈願をした際に拝んだのが、この火伏せ稲荷（荼枳尼天）だったということなのです。

鎌倉幕府が倒され新しい時代に入る急展開の軸になったのは、実は火伏せ稲荷だったと言えるのですが、歴史にあまり詳しくない方にもおわかりいただけるよう、少しかみ砕いてお伝えしていきたいと思います。

鎌倉時代末期のこと、後醍醐天皇は天皇が自ら政治を動かすべきであると考えて親政をこころざし、鎌倉幕府の打倒に向けて動き出しました。当時、天皇家は「持明院統《じみょういんとう》」と「大覚寺統《だいかくじとう》」に分かれて皇位を争い、それを鎌倉幕府（北条氏が執権）が調停するという役割でした。

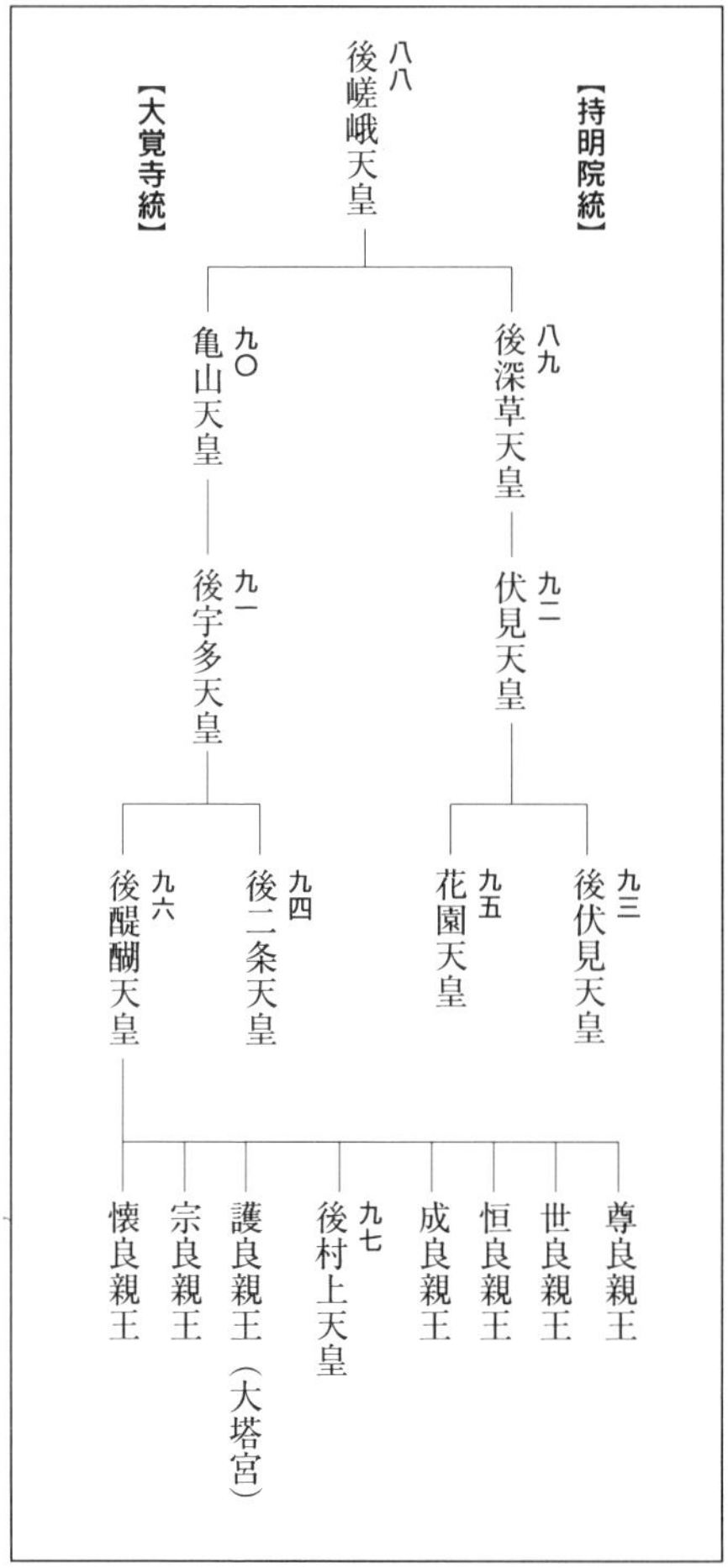

持明院統・大覚寺統皇略系図
（数字は歴代数）

後醍醐天皇は三十歳を過ぎての遅い即位でしたが、父・後宇多上皇より政権を受け継ぐと、天皇親政を開始しました。

そこで邪魔になるのが鎌倉幕府です。幕府があっては天皇に全権力を集中することができませんので、幕府打倒に向けての動きが始まったのです。

しかし幕府は大きな力を持っているため、最初は秘密裏に準備が進められました。

まず宮中で文観、円観らの密教僧に密教呪法を修しめます。そして後醍醐天皇自らも密教を学び、自ら護摩を焚いていたと言います。たしかにあの有名な後醍醐天皇像も袈裟を着て法具を持つという密教の格好です。

そして乱痴気騒ぎの宴をたびたび開催しました。このことは、この時代について書かれた有名な軍記物『太平記』にも描かれています。

後醍醐天皇
袈裟を着て、密教の法具を持っている。

この宴は、表向き派手なイベントに見せかけて、実は秘かに倒幕計画を練る会合でした。そして部下たちが関東や紀州方面に潜行して幕府に不満を持つ武士や寺社に後醍醐天皇からの密旨《みつじ》を見せて倒幕を呼びかけたのです。

しかし正中元年（一三二四）九月、いよいよ挙兵しようという段階になって、計画が事前に幕府に漏れて失敗してしまいます。

天皇は無関係として責任を免れましたが、部下の日野資朝は佐渡へ流され、挙兵に呼応した美濃の豪族らは殺されました。これを「正中の変」と言います。

二度目の計画も事前に密告で露見して失敗に終わりました。元弘元年（一三三一）の「元弘の変」では、六波羅探題（幕府の警察機関）の追及により後醍醐天皇も捕らえられます。そして幕府により持明院統の親王（後の光厳天皇）に譲位させられた上、隠岐に流されてしまうのです。

それでも後醍醐天皇は諦めませんでした。幕府の追及を逃れた皇子の護良親王（後の大塔宮）は紀州に潜伏してゲリラ戦を展開し、後に比叡山に入って天台座主となり、寺社勢力を結集していきます。

河内の楠木正成や播磨の赤松則村など豪族たちが挙兵し、後醍醐天皇も隠岐から脱出します。そして後醍醐天皇討伐に向かっていた足利高氏（後に尊氏）が天皇側に寝返ったことで大勢が逆転し、六波羅探題が落とされました。

ちょうどその頃、新田義貞、堀口貞満らは生田神社に集結して、後醍醐天皇からの北条高時追討の綸旨を読み上げ、倒幕のため鎌倉に向かいました。そして十日後に鎌倉は落とされ、鎌倉幕府は滅亡しました。後醍醐天皇が挑んだ幕府打倒が成就したのです。

さて私は、その歴史の急展開に、火伏せ稲荷（荼枳尼天）が介在していたと考えています。

実は、「正中の変」と「元弘の変」の間、元徳元年（一三二九）に、後醍醐天皇が自ら護摩を焚き、荼枳尼天供を行じ、幕府を呪詛したという記録があるのです。倒幕に強い闘志を燃やす後醍醐天皇のことですので、この祈祷は記録されている以外にも何度も行われたことと思われます。

そこで拝されたのが、火伏せ稲荷（荼枳尼天）だったのです。

もちろん武力によって幕府を倒したのは新田義貞や、その前に攻撃をしていた楠木正成、足利尊氏、そして裏で指令を飛ばした護良親王たちであったわけですが、この祈祷から数年で鎌倉幕府が倒されてしまったことを見ると、あの祈祷こそが歴史の転換点だったのではないかと、思わずにはいられません。

護良親王

楠木正成

ところで、後醍醐天皇がこの火伏せ稲荷を崇め祈願した背景には、幕府を倒して国家権力を我が手中に収めようという強い野望があったわけですが、そのために太古より伝わる三種の神器の力で幕府を倒そうと、この狐の神の力を借りたのです。

三種の神器のことは天皇家に伝わる宝としてご存じと思いますが、そもそもは古墳時代より続く王が持つとされる宝のことであり、持てば天下統一の夢も叶うとされています。

そして、荼枳尼天法を行う上で最も重要なものであり、後醍醐天皇もこれを持ち祈願した結果、鎌倉幕府を倒すことができたという、天狐（荼枳尼）の宝物なのです。

後醍醐天皇に協力する形で鎌倉幕府と戦った新田義貞と足利尊氏は、

血縁であると同時にライバル同士でした。実はその時代には荼枳尼天の崇拝は鎮護国家や天下統一を目的としたものであり、鎌倉・南北朝時代に王族や天皇家の間で広く行われており、祈祷も大規模なものでした。つまり今の天皇家の祖先や足利尊氏も荼枳尼天を崇めていたのです。

政権の奪い合いに際して天狐の力がどちらに付くかで形勢が左右され、そしてそれは三種の神器をどちらの側が持っているかにもよっていたのではないでしょうか。今は自在寺裏本尊となっている荼枳尼天も、当時は後醍醐天皇や新田義貞だけのものではなかったのです。

鎌倉幕府滅亡の後、いわゆる建武の新政に入ると後醍醐天皇と足利尊氏は対立するようになりました。

いったん負けて西国に退いていた尊氏が勢力を盛り返して京都を占拠

すると、後醍醐天皇は新田義貞らと比叡山に逃れます。その時、天皇に尊氏から密使が手紙を届けました。その内容はこういうものでした。

「お世話になった天皇に弓を向ける気はありません。このような流れになったのは、全て新田義貞の野心によるものです。従って、天皇側の家来たちにも何もいたしません。そのかわり、三種の神器をわが光明帝にお譲りください。そうしていただけば、光明天皇の後は後醍醐天皇の皇子、成良親王を皇太子にすることを約束します」

この一筆により、後醍醐天皇は新田義貞を見捨てて夜逃げしようとしましたが、堀口貞満に見つけられて戻されてしまいます。

その後、最終的に三種の神器は光明天皇に渡ります。後醍醐天皇が三種の神器を手放した後、新田義貞は戦死します。そしてその翌年、後醍醐天皇は吉野にて病で崩御したのです。

この流れもまた、三種の神器がどちらの側にあるかがいかに大きなことかを物語っているように思えてなりません。

はじめに

私は、子どもの頃からずっと、普通とは違う感覚があったようで、不思議な体験をしたり、人には見えない変なものを見てきました。

学生の頃を経て禅門に入り、お小僧となり、やがて出家して僧侶となりました。やがて住職として寺を任されて、後に自分で新たに寺を建立するに至ります。

その時の流れの中で、私が見てきた不可思議な存在たちを、あるがままに、絵と書にして残しておきたいという気持ちが出てきて、書き残してきたもののいくつかを、コラムとして載せました。

見たり体験した時の日付や時間帯も記すようにしましたが、なかには失念しているものもありますが、どうぞご容赦ください。

自己の心に偽りなく、見たまま、感じ取ったままに。合掌

足袋狐（たびぎつね）

これは吾妻の山奥でのこと、おそらく昼の二時頃だった。

山道を車で走っていると、道の縁に、ずっとこちらを見つめている一匹の小狐が見えた。その狐は、こちらの車ではなく、車内の自分の方を見ている。

狐の前をゆっくりと通り過ぎた後、気になってルームミラーで後ろを見てみると、その小狐が、道の真ん中まで出てきて、まるで正座のようにちょこんと座り込み、こちらをずっとお見送りしようとしているように見える。

他の車にはねられたら困ると思い、車を停めて近くまで歩いて行くと、小狐はさすがに逃げて行った。

これは普通の小狐だったが、おもしろいのは手足が足袋を履いているようにキレイに真っ白だったことだ。
これを見てからしばらく金まわりが良い時期が続いていた。やはり狐は縁起がよいものなのか？

平成二十八年五月某日　記

馬狐（まこ）

ある夜、七時か八時頃だったと思う。

榛名湖畔の温泉から上がって、湖畔沿いの道路を家に向かって走っていると、隣の掃部ケ岳の山の上の方から、湖の方へ大きな狐が走り降りてきて道路を横切った。

急ブレーキをかけて無事であったが、危うくもう少しではねるところだった。


その狐は、馬よりは小さく、大型犬よりは一回り大きいという意味で「馬狐」と呼ばれる。

狐は湖のまわりをしばらく物色してから、掃部ケ岳の山へと帰って行った。

筆者はよく山に行き、狐はたくさん見るが、ここまで大きな狐はいままで見たことがない。大きいが動きはすごく軽かったのを憶えている。

平成二十七年十一月一日　記

仙猫（せんみょう）

これは気体やエーテル体ではなく実体として生きた存在の話。

松井田町の土塩という場所の線ケ滝で滝行を終えて自分の家の寺に戻ると、裏庭よりゴソゴソと物音がする。何かと思い駆け付けたら、これがいた。

目は、黒目と白目の部分が大変見分けにくく、ツルツルの銀杏の実のようで金色に近い。

尾は女性の長髪のようで裏庭のブロックに垂れ下がっている。

しばらくの間睨みあったが、やがて寺の裏山へと帰って行った。

平成二十四年七月十五日　記

第二章　現代に続く物語

新田と足利

火伏せ稲荷がたどった歴史に登場する重要人物の一人、後醍醐天皇についてはは前章でお伝えしました。この章では、もう一人の重要人物、新田義貞とその一門について見ていきたいと思います。

さて、歴史好きな方はご存じと思いますが、

・源頼朝
・新田義貞
・足利尊氏

この人物たちに共通していることがあります。それは、源義家（八幡太郎）から分かれた河内源氏（さらに遡ると清和源氏）の流れの氏族ということです。

八幡太郎こと源義家は、河内国（現在の大阪府あたり）の生まれで、平安時代末に起きた前九年の役には父・頼義に従って活躍しました。その後、陸奥守・鎮守府将軍となり、清原氏の争いに介入しました（後三年の役）が、朝廷はこれに対する恩賞を与えませんでした。そのため、功績のあった武士たちへの恩賞を私財から支払ったのです。このことから関東の武士たち

源義家

から天下第一の武将と称され従われるようになり、それが東国における源氏の基盤となりました。

義家の三男・義国の頃に足利荘に定着し、その子らから二つの家に分かれていきます。兄の義重は渡良瀬川を渡った上野国側の新田荘を開いて新田氏となり、弟の義康は足利荘で足利氏となりました。

新田、足利それぞれの家からも、さらに多くの家に分かれていき、後世に戦国大名になる一族も出てきました。徳川家康も系図上この新田の流れに連なっています。

新田と足利は兄弟から分かれた一族であり、互いに人的交流もありながらも、ライバル関係で、対照的な道を歩みました。

治承四年（一一八〇）、源頼朝が平家追討の旗揚げをした時、足利の

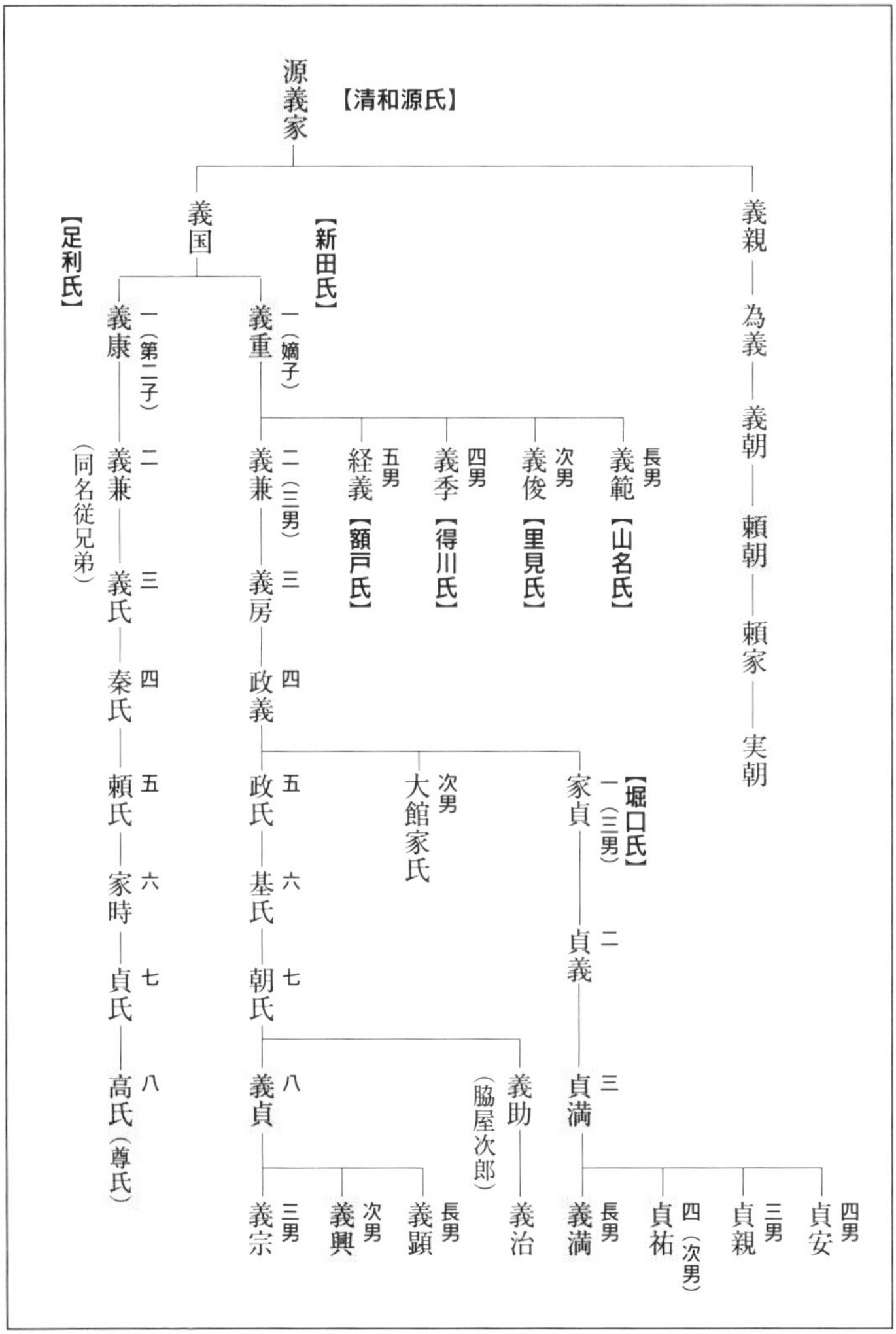
源義家
【清和源氏】
義国
義親
為義
義朝
頼朝
頼家
実朝
【足利氏】
【新田氏】
義康 一（第二子）
義兼 二
（同名従兄弟）
義氏 三
泰氏 四
頼氏 五
家時 六
貞氏 七
高氏（尊氏） 八
義重 一（嫡子）
長男 義範 【山名氏】
次男 義俊 【里見氏】
四男 義季 【得川氏】
五男 経義 【額戸氏】
義兼 二（三男）
義房 三
政義 四
政氏 五
基氏 六
朝氏 七
義貞 八
次男 大舘家氏
家貞 一（三男） 【堀口氏】
貞義 二
貞満 三
義助（脇屋次郎）
義治
三男 義宗
次男 義興
長男 義顕
長男 義満
四（次男） 貞祐
三男 貞親
四男 貞安
新田氏・足利氏略系図

初代・義康はすぐに駆け付け従軍し、頼朝に非常に近い存在として最上位の序列に置かれました。そして頼朝の死後に北条氏が執権として権力を持つと、北条氏に接近して発展していきました。

しかし新田の初代・義重は、頼朝の挙兵に反対し、参加を拒みました。その後には頼朝に帰属しましたが、幕府では不遇の扱いを受けるようになりました。この頃から新田と足利の「格差」は生じ、足利氏は財力でも所領でも新田氏の上の立場になりました。

また、新田の荘園と隣の園田の荘園では水田に使う潅漑用水をめぐる水争いが頻発していましたが、園田氏は足利氏と姻戚関係にあり、実質上は新田と足利の争いであったようです。

このように、新田と足利は近い関係でありながら確執を深めていきました。そして義国から新田氏と足利氏に分かれてそれぞれ八代目に当たるのが、新田義貞と足利高氏（後に尊氏）でした。

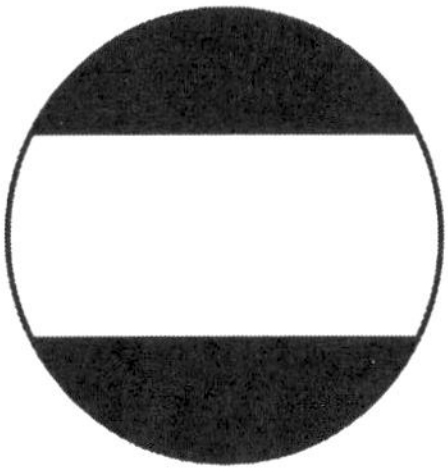

「新田一つ引」紋
(大中黒)

「足利二つ引」紋

鎌倉幕府滅亡

前述したように、元弘元年（一三三一）、二度目の倒幕計画が露見し、後醍醐天皇は六波羅探題の追及により捕えられ、北朝方に譲位させられた上、隠岐に流されてしまいました（元弘の変）。

しかし皇子の護良《もりよし》親王は潜伏してゲリラ戦を展開しました。そして、河内の楠木正成《くすのきまさしげ》が千早城に立て籠もって、隠岐に流された後醍醐天皇に味方する動きを見せたのです。

これを察知した鎌倉幕府は大軍をもって攻略することになり、新田氏も幕府からの要請で出陣しましたが、千早城は小城であり攻め落としても恩賞が期待できないこともあって乗り気ではなかったようです。

しかしわずか二千ほどの小勢力で千早城に立て籠もった楠木正成が、何万もの鎌倉方の大軍を相手に善戦し、鎌倉方の損害は大きくなるばかりでした。

そうしている間に後醍醐天皇は隠岐から脱出し、都に攻め上がる気配となりました。そして後醍醐天皇討伐に向かっていたはずの足利高氏が天皇方に味方するという動きで、大勢が逆転したのです。

鎌倉幕府と執権・北条高時は慌てて、足利高氏と同じ祖を持つ新田義貞を味方にするべく動きましたが、すでに義貞には後醍醐天皇から北条氏打倒の綸旨が届いており、ついに元弘三年（一三三三）五月八日早朝、義貞は新田荘の生品神社にて挙兵しました。

この時に駆け付けたのはわずか一五十騎、その中には義貞の弟・脇屋義助や堀口貞満がいましたが、鎌倉に攻め込むには少ない兵です。

しかしすぐに周辺の里見・脇屋・大舘などの一族が加勢し、さらには越後や甲斐などから源氏一族五千余騎が馳せ参じて、たちまち新田軍は七千数百騎に膨れ上がりました。そして鎌倉を目指して南下する道中で、万を越える大軍となっていったのです。

幕府は義貞の挙兵を知り大軍で迎え撃ちましたが、新田軍は小手指原、久米川、分倍河原の戦いと鎌倉幕府軍を次々と打ち破り、わずか十日後の五月十八日には鎌倉攻撃を開始します。

そもそも鎌倉は山と海に囲まれ、攻めるに難く守るに易いという自然の要害であり、難攻不落とされてきました。鎌倉に入るには山を切り開いて作られた七つの切通しと呼ばれる細い道しかなく、大軍で一気に攻め入ることができないようになっています。

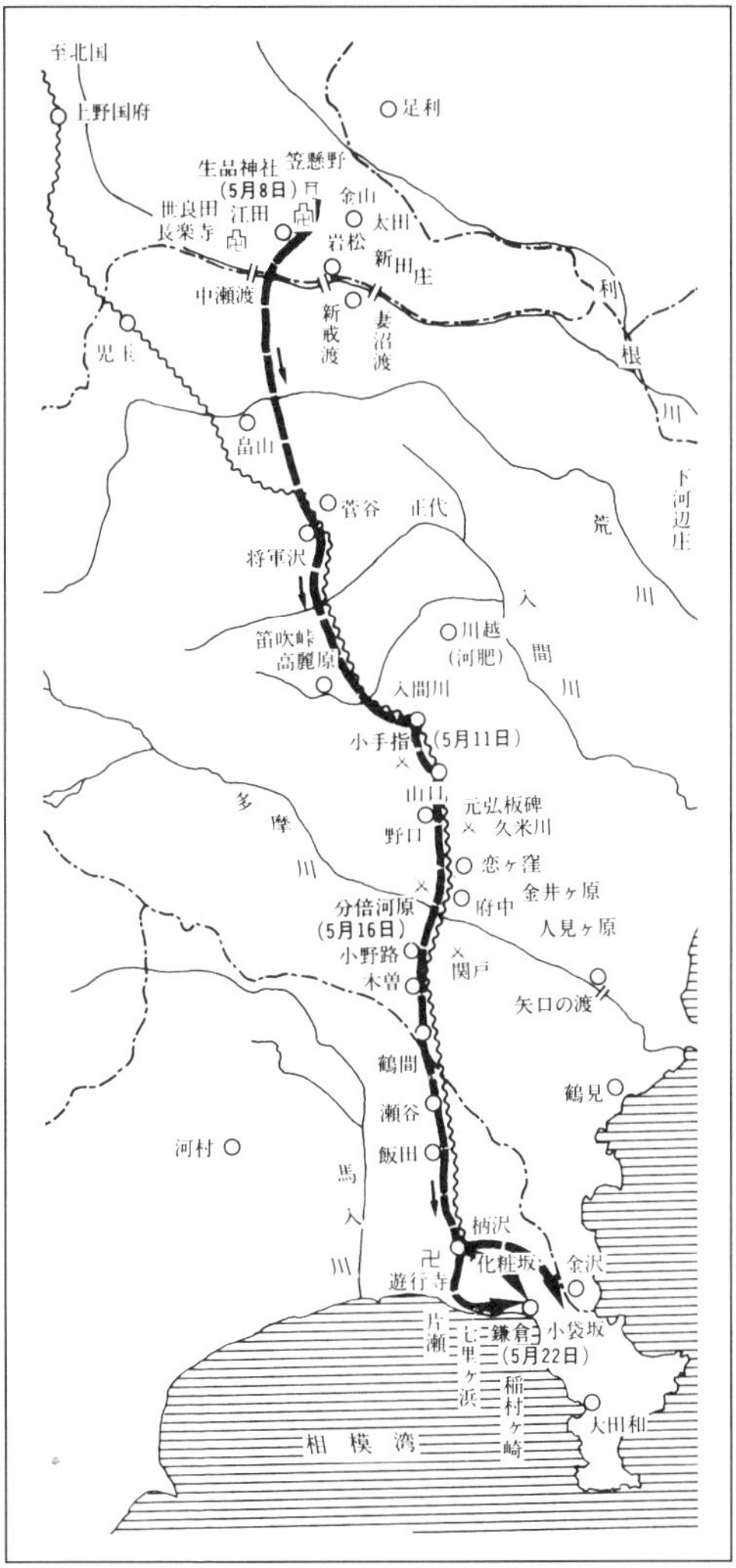

新田義貞軍の鎌倉進撃路

まず義貞は軍を三つに分けて攻めかかることにしました。右翼は大舘宗氏を主将に極楽寺坂へ、左翼は堀口貞満を主将に巨福呂坂へ、義貞の本軍は化粧坂へ向かいました。

それぞれの口で、一日に何度も衝突を繰り返しましたが、突破できないまま激しい攻防は一進一退で五日間続きます。

『太平記』によると、そこで義貞は夜に稲村ケ崎の海岸に向かい、龍神や八部衆に祈りを捧げて、太刀を海中に投じると、不思議なことに潮がみるみる引いていき、沖の船も遠くへ押しやられるほどでした。

そこから義貞らは干潟を駆け抜けて海側から鎌倉に入り、幕府軍を背後から破って鎌倉市街に突入します。

このことに幕府軍は動揺し、それぞれの切通しの口が破られて義貞の全軍が鎌倉に入り制圧しました。

街中が火に包まれるなか執権・北条高時はじめ北条一族は自刃します。

すでに京都では足利高氏が六波羅探題を落としており、また九州の鎮西探題も落とされていましたので、ここに鎌倉幕府は滅んだのです。

生品神社

新田義貞が稲村ヶ崎で海に祈り太刀を捧げると、みるみる潮が引いていき、鎌倉突入の端緒となった。

建武の新政と南北朝時代

鎌倉幕府が滅亡して、後醍醐天皇は京都に戻り、天皇を中心とした政治・経済・行政を目指して制度を刷新し始めます。いわゆる「建武の新政」です。

しかし、既存の制度や権益を無視する形で無理に進めたため、武家の不満も大きく大混乱となり、わずか二年ほどで崩壊してしまいます。

足利高氏は、倒幕の功績を認められて後醍醐天皇の名から一字を賜り

「尊氏」となりましたが、北条氏残党による乱を鎮圧する際にも征夷大将軍の地位は与えられないままでした。

尊氏が鎌倉で独自に恩賞を配布すると、それを新たな武家政権樹立に向けた動きと捉えた後醍醐天皇との確執が深まっていきました。

天皇は尊氏に京に戻るよう命じましたが、尊氏はこれを無視して反旗を翻し、両者による戦いが始まります（建武の乱）。


新田義貞は天皇軍として尊氏を討つべく東進しますが、箱根・竹の下の合戦で大敗してしまいます。しかしすぐ後に京都合戦で勝利、一度は京に入った尊氏は九州に逃れました。

その後、尊氏は太宰府天満宮を拠点に再起し、京を目指します。天皇方も迎え撃ちますが、湊川の戦いでは激戦の末に楠木正成が戦死、生田の森では義貞と尊氏が直接対決した末、尊氏が突破して京に入ります。

後醍醐天皇は比叡山に入り、京都をめぐって攻防を続けましたが、足利の大軍に包囲されてしまいます。

足利方は天皇に和睦を持ちかけますが、実はその和平工作は事前に義貞らには知らされておらず、それを察知した堀口貞満が駆け付けると、天皇は出発直前でした。そこで貞満が奏上したことは『太平記』でも有名な場面となっています。

「当家累年の忠義を捨てられ、京都に臨幸なさるべきにて候はば、義貞始め一族五十余人の首をはねて、お出であるべし」

それを聞いて後醍醐天皇は、自らの過ちであったと認めて皇位を恒良親王に譲り、足利方と和睦して三種の神器を光明天皇に渡し、自らは幽閉されます。

その後、尊氏は、光明天皇を擁立して征夷大将軍となり、室町幕府を開きます。一方の後醍醐天皇は、幽閉先を脱出して吉野に移り、光明天皇に渡した三種の神器は偽物であるとして南朝を開き、六十年にわたる南北朝時代が続くことになります。

新田義貞は、北朝への対抗勢力を構築しようとする後醍醐天皇の命で尊良親王、恒良親王らを奉じて北陸・越前に移りますが、藤島の戦いで戦死、三十八年の生涯を終えます。

義貞に従って転戦した堀口貞満もまた、美濃から越前に移る途中で亡くなっています。

生品神社での挙兵以来、目まぐるしく戦い通した五年間でした。

新田神社縁起

ここでもう一つ、新田一門の物語をご紹介したいと思います。

新田義貞の次男・新田義興《よしおき》、幼名徳寿丸は、側室の子として新田荘に生まれました。

義貞らによる鎌倉幕府滅亡から数年後の延元二年（一三三七）、すでに建武の新政は崩壊していました。奥州の国司・北畠顕家が後醍醐天皇の命を受けて鎌倉へ攻め上る時に、まだ幼名・徳寿丸であった義興は、義貞に志ある武蔵・上野の兵たちを組織して大将となって顕家に味方し、鎌倉攻めに大功を挙げました。

その後、吉野にて後醍醐天皇に拝謁した際、天皇はその武勇を讃え、『太平記』にも「誠に武勇の器用たり。尤も義貞が家をも興すべき者なり」とあるように、元服させて新田左兵衛佐義興と名乗らせました。

しかしその翌年に義貞が藤島の戦いで戦死すると、義興は越後国に潜伏し、時期を待つことになります。

その十二年後の一三五〇年、足利幕府の内部抗争、いわゆる観応《かんのう》の擾乱《じょうらん》が起きると、影響は京都から全国に広がり、鎌倉・関東の状勢も変化しました。

かねてより信濃に拠点を構えて時期を待っていた宗良親王は、内乱に伴う関東の混乱を利用する形で、新田一族を中心とする南朝軍による鎌倉攻略を企図します。義興も、征夷大将軍となった宗良親王を奉じて足利氏追討のため挙兵しました。この時、義興は二十一歳でした。

正平七年（南朝・一三五二）年一月、足利尊氏は鎌倉に入りますが、同年閏二月十五日、新田一族が上野国で挙兵しました。翌日には武蔵国に入り、十八日には鎌倉に攻め入りました。

足利尊氏らは鎌倉を撤退して武蔵狩川城に立て籠もり、鎌倉は新田一族を中心とする南朝軍が征圧するところとなりました。

しかし二十日、新田軍と足利軍の決戦が武蔵人見原（埼玉県深谷市）、金井原（埼玉県所沢市）で行われた際に、新田義興は敗北して鎌倉に退却していきます。

信濃の諏訪氏を率いて奥州の北畠軍と合流した宗良親王も参戦して武蔵小手指原（埼玉県所沢市）で足利尊氏と戦いますが、敗北して南朝軍は鎌倉を放棄します。

鎌倉は再び足利尊氏軍に奪回され、宗良親王と新田一族を中心とした連合軍は離散していきました。

義興は再び潜伏し、足利氏打倒の機会を待ちます。

正平十三年（南朝・一三五八）四月、足利尊氏が没します。義興は氏族や近習の将兵らと秘かに鎌倉に向かいました。その本陣を敷いたのが多摩川近くの寺でした。

鎌倉管領・足利基氏は、新田義興の動きを察知して謀略を巡らせます。北朝方に寝返った者を使って義興を毒殺しようとするも失敗。

そこで、鎌倉攻めの兵を率いて多摩川の矢口渡に向かう義興たちに、大勢では目立つと主張して、わずかな兵だけで向かうよう仕向けました。

矢口の渡し場の渡守を買収して、渡し船に二か所穴を開け、義興一行が乗船したら穴を塞いでいた栓を引き抜く段取りをしたのです。

義興が配下十数名と矢口で渡し船に乗船してすぐ、船底の栓が抜かれ、船が水浸しになり、多摩川の両岸から数百人により攻め立てられました。多勢に無勢の上に船は浸水して沈んでいき、覚悟を決めた義興は切腹し、家臣十三人もあえなく全員討ち取られてしまいました。

義興が謀殺された後、渡しの付近で夜な夜な光るものがあり、往来の人を悩ませたと言われました。そこで義興の亡霊を崇めて新田大明神として祀り、「新田《にった》神社」を建立しました。また、義興に従い討死にした家臣たちを祀ったのが新田神社の近くにある「十寄《とよせ》神社」です。

十寄神社の境内には十騎《じっき・じゅっき》神社が立ちます。そして境内の掲示板には、由緒と、新田義興と共に憤死した十人の名前が掲載されています。

源朝臣新田左兵衛佐義興公の士族及び近習の将兵六名

世良田右馬助義周
大嶋周防守義道
由良新左衛門
井弾正左衛門
由良兵庫助
進藤孫六左衛門

矢口渡自刃戦死者四名

大嶋兵庫頭義世
松田与一
宍戸孫七
堀口義満

この義興の非業の死については後世にも伝わり、江戸時代には平賀源内が福内鬼外《ふくちきがい》のペンネームで書いた浄瑠璃『神霊矢口渡』のモデルにもなりました。平賀源内ファンによって浄瑠璃はヒットし、江戸時代には新田神社は近隣の池上本門寺などとともに江戸市民の参詣者で賑わったと言います。

そしておよそ百年前の大正時代、現在の東急多摩川線の開業時に、新田神社から名をもらった「武蔵新田《むさしにった》」という駅が建てられ、新田の物語は今に受け継がれています。

新田神社

十寄神社

十騎神社

堀口氏のその後

ここまでお察しの方も多いかと思いますが、実は私も新田一門・堀口氏の末裔です。先述の新田義貞に付き従って戦った堀口貞満は、私にとって先祖に当たります。

後醍醐天皇が祈祷した時に祀った火伏せ稲荷（荼枳尼天）を新田義貞が授かり、義貞が大改修した寺に祀られ、そして新田一門の末裔の私が建立した寺に、それを受け継ぐことになるとは……。

この章の最後に、堀口氏について少しお伝えしたいと思います。

堀口氏は、新田氏四代目・新田政義の三男・家貞が堀口郷を拝領して家を興したことに始まります（四七ページ系図参照）。

三代目・貞満の時、本宗家・新田義貞が挙兵した際に参加し、鎌倉攻略でも大きな役割を果たしたことは前述しました。

堀口貞満は一二九七年、新田義貞は一三〇一年頃の生まれ、同年代ということで信頼も厚かったのではないでしょうか。

その後も新田義貞に従って戦いを続け、前述の比叡山で後醍醐天皇に直訴した一件や数々の武勇を残しましたが、後に美濃から越前に転戦する際に没します。

貞満の子には四男一女がいたと言われています。

長男・義満は、鎌倉攻めの時は初陣でした。父とともに新田義貞軍として越前に従軍しましたが、父貞満が戦死し、その後は越前国に潜んで、後に新田義興の与力となります。
そして正平十三年（一八五八）、新田義興とともに足利氏を討つため鎌倉に向かう際に、多摩川・矢口渡で計略によって討たれてしまいます。
そして現在は十寄（騎）神社に祀られています。

長男・義満が亡くなったため、次男の貞祐が家督を継ぎました。

貞祐は琵琶湖のほとり、大津の近くの今堅田に城を築き、南朝方として戦っていました。

観応の擾乱の後、足利義詮が南朝側の攻撃により一時京から近江に退避する際にも戦い、佐々木秀綱を討ち取るなど活躍しています。

貞祐はその後、征西大将軍・懐良親王に従って正平十三年（一三五九）九州に入りますが、翌年、筑後川で討死します。

貞祐には、長男・貞重、次男・貞兼がいました。長男・貞重は、家督を継いで、上州（群馬）に帰ったと言われます。私はその末裔に当たります。

次男・貞兼は近江に留まり、今堅田にある泉福寺で代々住職を務めます。そして、勾当内侍《こうとうのないし》を代々供養しておりました。

勾当内侍は、もともと後醍醐天皇に仕えていた女官でしたが、新田義貞の鎌倉攻めの功績に恩賞として与えられて妻となり、義貞の戦を支えていきました。

義貞が藤島で戦死した後には出家して尼となり、京都・嵯峨で義貞を弔って暮らしましたが、悲しみのあまり琵琶湖に入水したとも言われています。
この泉福寺は、勾当内侍の菩提寺であり、近くには勾当内侍がご祭神の野上神社もあります。
なお、後に近江堀口家が途絶えたため、現在の泉福寺の住職は堀口家ではないとのことです。

貞満の三男・貞親と四男・貞安は美濃に留まり、その末裔は斎藤道三、明智光秀に仕えました。そのため、明智光秀を豊臣秀吉が破った山崎の合戦では、多くの堀口氏の末裔が戦死しました。

貞満の娘は、美濃源氏の土岐頼貞の九男・土岐九郎（長山頼基）に嫁ぎました。その子は明智頼重として明智氏の祖となり、その子孫に明智光秀が出ています。

さて、時は移って戦国時代、上州に戻った堀口氏は天文年間（一五三二〜一五五五）に板鼻《いたはな》のあたりに定着したと言われます。そして貞祐から七代の孫、貞行が、関東管領・上杉氏の家臣・長野氏に仕えて板鼻城を守っていました。そこは、長野氏の居城・箕輪城の広域防御のため構築した城の一つでした。

その城はやがて永禄六年（一五六三）二月二十八日、武田信玄による長野氏攻略の際に攻められ、板鼻の鷹巣城が落城し、堀口貞行は討死してしまいます。

そのことについての記事を、堀口家に伝わる「安中・松井田落城記」から引用します。

武田信玄は永禄六年二月、諏訪神社に願文を上げた。信玄は箕輪城主を政略すべく大軍を率いて、上州へ数回侵入した。

箕輪の長野氏は当時、西毛の勢力者で甘楽・多野方面の諸城は長野氏に与力していた。

小幡尾張守信は、長野業政・小幡図書介に討たれて甲州の武田に仕えた。――後、名将長野業政が没したので、武田信玄は箕輪攻めとなった。武田軍は小幡城を攻め取ってから左翼支隊を一ノ宮・富岡方面へ。右翼部隊を松井田・安中方面へ向けた。右翼は、一郷山・新堀・深沢・吉井・本郷・木部・山名の甘楽・多野の諸城を攻め取った――。そして最高の高地を本陣として、若田原にいた箕輪軍に対陣した。

左翼の飯富虎昌・浅利義胤・小宮山昌友・城伊庵・原勝重・市川海印の六武将らは、松井田と安中城に向かった。武田勝頼は有力部隊を率いて川の谷から和田城に向かった。この堂々たる陣容で、たちまち松井田・安中その他の城は、攻め取られた。

（堀口貞行が守った板鼻落城記）

武田の臣、原加賀守が二千余を率いて天神山に本陣としていた。この天神山は、鷹巣城は脚下に見下しができた高い山だった。南方は間仁田・天王山が見えて、西は安中・松井田・碓氷峠が見渡せる、展望台のような処だった。

しかし砦軍は頑強に防戦したので落城しなかった。そこで原加賀守は、小山田信勝の別動隊を湯沢方面から、弓矢の集中掃射をした。その後、武田軍は「かに川」をよじ登って砦城に火を放ったので、遂に堀口貞行ら砦軍は全員自刃した。

この落城の後、貞行の嫡子・堀口貞尚は当時弱冠でしたが、安中城主は武田勝頼に属していたので、天正三年（一五七五）、武田軍と織田軍による長篠の合戦に従軍しました。この戦いで織田軍の鉄砲の威力の前に武田軍は全滅し、堀口貞尚も戦死しました。

その貞尚が遺した嫡男から続くのが、現在も板鼻に在住する堀口氏です。

鷹巣城の跡地には鷹巣神社（正式には菅ノ沢稲荷神社）と鷹巣寺が建てられ、先祖を供養するようになります。

鷹巣山の北にあり、毎年二月の初午には堀口家代々の祭りを行っておりましたが、近年になって廃れてしまいました。

後裔として私も幼少の頃から行っていましたが、私が物心ついた頃には建物はなく墓所だけが残っているだけでした――。

実は、私が自在寺を建立した動機には、このような状態になった鷹巣をなんとか復興したい、という強い想いもありました。

金色の小蛇

平成十六年秋頃のこと。当時勤めていた寺の最寄りに愛宕神社という小さな無人の神社があった。

そこの気場がとても清々しいので、休み時間にたまに坐禅を組みに行っていた。他の寺や神社は遠いので休みにならないと行けないが、この神社なら五分で行けるし、なにせ人が来ないので意識集中ができて重宝していた。

この日も神社本殿の側面に腰掛け、禅に入ろうとしていた。

ふと見ると、自分が座る目の前に、小さな鳥居と祠があり、どうやら違う別の神様が祀られていた。

別御霊の神様だろうか？　そう思いながら、禅に入ろうと、瞳を半眼にし、体の力がゆっくり抜けてきたあたりで、突如、鳥居の下の土が八十平方メートルくらい隆起してきて、ゴボッゴボッと等間隔で振動しはじめた。

何だろう？　モグラだろうか？　それにしても地面の隆起している面積が大きく、地割れができている。

土の中に何かがいる……そう思い目を凝らすと、地割れの隙間から小さい二十センチ位の金色の蛇がゆっくりと出てきて、本殿と反対の方向へ、ウネウネと遠ざかって行った。

蛇の気に満ちた神社（その1）

筆者の勤めていた寺の近くには、もう一つ変わった神社があった。名前に「竜」の字が入り、かつては川の真ん中に浮かぶ島の中に社があった。

地元の人々の話では、昔からここに行けば必ず蛇が出るという噂があり、雰囲気もなかなか不気味なので近づく者もいなかった。

平成十年頃のこと、寺に入ろうとの思いで近くに引っ越してきた私は、その土地の氏神様としてこの神社へご挨拶の参拝に行った。

昔は島にあった神社だが当時すでに陸続きとなっており、サイクリングロード脇から下り簡単に行けた。

参拝していると、珍しいエメラルドグリーンの蛇が出てきた。噂は本当だと思ったが、不可思議はそこから始まった。そしてそれは長く続いたのである。

参拝の翌日、自宅の玄関に向かって一匹の小さな蛇が這って来て、玄関の扉によじ登った。扉の左下の玄関灯の上にたどり着くと、トグロを巻きペロペロ舌を出しはじめた。

そこへ偶然、犬を連れた散歩のおじいさんが通りがかり、話しかけてきた。

「この蛇、柄はマムシだね。危ないから捕ってやろうか?」

何か道具を貸してほしいと言うので私はお礼を言い物置を探したが庭切りバサミしかない。それでいいと言うので手渡すと、

「真っ二つにチョン斬っちゃえばいいでしょう」

と蛇にハサミを入れた。

しかし小蛇とはいえ丈夫でうまく切れず、ハサミに絡みついてきて口を大きく開けて噛みつこうとしている。

手に負えなくなったおじいさんは家の前の水路溝に蛇を逃してしまった。こ

んなところに放したら、家の中に出てくるだろう、嫌だなとは思ったが、一応お礼を告げてその場は終わった。

この夜、夢に、小学生くらいの子供が手にナイフを持って出てきた。直感的に昼間の小蛇だと思った。「昼間、お前のせいで脇腹が折れた！」と刺し掛かってきた。

後で調べると、あれはマムシではなくアオダイショウの幼蛇だったようだ。そして、その日より庭に蛇穴ができるようになった。

蛇の気に満ちた神社（その2） 人頭蛇尾（じんとうだび）

小蛇が玄関の扉を登った出来事以来、その小蛇はどうやら自宅の庭に住みついてしまったようで、冬には蛇穴が見つかり、暖かくなると紫陽花の枝にからみついたりしていた。庭には抜け殻をよく見つけた。

住んでいる土地そのものにも、最寄りの龍神宮の土地神の気を感じていた。そのせいか、良い縁に恵まれ、良いこともたくさん続いた。そして、不思議な縁として関わる人々の名前や何かしらに必ず「龍」の文字があったり「蛇」と関係していたのである。

そのようなある日、部屋で寝ていて金縛りに遭った。

いつもなら全力で解けるのに、重たすぎて解けない。すると声が聞こえてきた。

「我、蛇神なり。崇拝せよ！」

と言ってくる。崇拝しますと心で言うと、金縛りは解けた。

また別の日には女性の蛇神が出てきて、いきなり首に噛み付いてきて崇拝せよと言う。

金縛りが解かれ、部屋にリアルに現れた女性の蛇神（精霊？）は、蛇の習性を教えていった。

両手に二匹の蛇を持っており、「つよく首をにぎると蛇は脱力し、一本の棒のようになる。ゆるく首を握ると蛇は腕にまきついてくる」と語り、消えていった。

蛇の気に満ちた神社（その3） 竜宮神（りゅうぐうしん）

竜神宮と縁があってから、次々と夢が叶っていった。

そのため頻繁にお礼参りの回数も増え、この頃はお参りは龍神宮にばかり行っていた。そんなある日、願掛けに行った夜、夢に絵のような神が現れた。

「我……竜宮神なり。今は神の脱皮の時期なので、願いを受けることはできない……我は人間の願いを多く聞き入れてきたが、今は人々に愛想がつき、竜窟に隠れこの辺りの蛇の面倒を見ている。人を受けるのはお前が最後になる。必要なものはもう全て授けた」

と語り、そこで目が覚めた。初めて竜神宮に行った時より三、四年が経ち、庭に住みついている小蛇もかなり大きくなっていた。

いつも温厚でおとなしいその蛇がある日突然、家で大切にしている犬に襲いかかってきた。犬と蛇は激しく戦った末、蛇は逃げ、あんなにずっと庭にいたのにもう二度と戻ってこなかった……。

それから一か月ほどして、住んでいる家を持ち主に返さねばならないことになり、その蛇の土地から離れて、勤めている寺の境内地に自宅を建て住むことになった。

ここでやっと竜宮神が夢の中で語った言葉の意味がよく解った。

きっと竜神宮の神様は、自分が一人前の僧となるまで蛇や精霊たちと共にいろいろ導き面倒を見ていてくれたんだなぁ、そんな感じがした。

僧となり寺に入って人様の仕事をするその日まで、最後のお見送りをして頂いた。そう思った。

第三章　火伏せ稲荷と自在寺

自在寺建立の由来

この章では、自在寺のことを中心にお伝えしていきたいと思います。ここでは、自在寺建立にあたっての由来をいくつかご紹介いたします。

まず、自在寺の「自在」とは、前章でご紹介した、板鼻にあった鷹巣城に由来します。

鷹巣城が落城して以来、代々受け継がれ供養されてきた鷹巣神社と鷹巣寺でしたが、時代が下って風化して跡地だけになってしまいました。

末裔としての私は、この時代に、鷹巣の復興を強く発願し、私自身追求し鷹巣神社にあった御神体を調べた結果、「飛行自在」なる文字が印されておりました。私が寺を建てるにあたり、そこから「自在」の二文字をいただいて「自在寺」とした次第です。

当初は鷹巣城周辺に土地を探していたのですが、今は民家やホテルが立ち並び、とても寺を建てる場所とは言えなかったため、鷹巣山より西の一つ後ろの山である石尊山へと場を定着させたのです。

この石尊山は古来より伝説のある聖域であるため、山号として頂戴し、寺号と合わせて「石尊山　自在寺」という名にしました。

さて、曹洞宗では、鎮守と呼ばれる伽藍の守護神として、その寺院に因縁のある神を境内に鎮守堂を建てて特にお祀りします。自在寺では、土地護伽藍神として、火伏せ稲荷、鷹巣の神様と並び、石尊山大神様をお祀りしております。

石尊山大神様は、昔よりこの地の信仰を集め、田畑を潤し地域の人々も神に感謝し山頂までのお参りを欠かさなかったことでしょう。石尊山大神様は、水源と深く関わるそうです。そのせいか、自在寺の下にはいくつもの水脈が存在するという話もあります。

実は、この自在寺の本堂は、山頂の石尊山大神様の祠《ほこら》と同じ向きで建てられております。それは、山頂にお参りしたくてもなかなか上がれない足の不自由な方や体に無理のきかなくなった方がこの自在寺の本堂から山頂を拝めるように、との願いを込めて設計いたしました。

もう一つ、これは私が自在寺を建てるより前、群馬県内の寺でまだ小僧をしている時に遡ります。

ある時、「供養をしてほしい」と一体の観音像が持ち込まれました。その観音様は大変古い像で、骨董屋や人々の間を転々とした揚げ句、寺に運ばれてきたのですが、なぜかこの観音様を売った者は皆倒れて亡くなるというので、寺でなんとかしてほしいとのこと。さっそくお預かりして供養を始めました。


きっと昔はどこかのお堂できちんと祀られていたのでしょう、立派な観音様です。

持ち込んだ人の話では祟りのようなものがあるとのことでしたが、私には何も起こりません。日々経を上げ供物を捧げているためか、むしろ導かれているような気持ちさえしてきました。

売った人たちは、怖いので寺で何とか供養してほしいと思われていたようです。

昔から、仏像のような力を持つものが粗末にされると祟りがあるが、逆にそれを大切にして味方につけた時には強い力を与えられるとか、国家の守り本尊にされたなどという歴史もあるくらいです。

そこで、この観音像を偉大なる本尊様としてきちんとお祀りして、人々の供養の明るみを受けることのできる須弥壇の最上へ安置することを考えたのでした。

なぜ、そのような手段を取ったのかと申しますと、その根拠にはまず先に歓喜天尊のことを語らねばなりません。

歓喜天とは、よく聖天様と呼ばれ、仏法の守護神とされますが、聞き慣れない方も多いことかと思います。

仏説によりますと、この天尊に祈れば成就しない望みはないとされる、秘天中の秘天なのです。

昔は人の魂を取って喰らう毘那夜迦《びなやか》と呼ばれる魔神だったと言います。そこへ観世音菩薩が現われ交じり合い、毘那夜迦の足を観音様の足で踏みつけると、光と歓喜に満ちあふれ、何でも願いを聞き入れる大聖歓喜天尊となったというのです。

そこで、歓喜天修法であれば、この観音像の祟りと言われてきたことも何とかなるのではないかと考えたわけです。

私は、どこどこに行って祈願したけれども病気はよく治らなかったとか、何も変わりないままの苦しい現状ですというような言葉を、檀家さんや知人の噂話なども含め、たくさん聞いていました。

そこで考えたのです。観音様の祟りがもしもあるとするならば、今度は逆に毘那夜迦の側から足を踏んでみてもよいのではないか。そしてどんな願いも叶うような寺があってもよいのではないか……。

たとえ、歓喜天を祀るのは危険と言われていようとも、自分自身の僧侶人生を犠牲としながら魂を打ち放てるのなら、人々の叶わぬ願いを聞き入れる伝説の大聖歓喜天尊と観世音菩薩となり、末長くここの寺に祀られてほしい、けれども叶わぬ願いといっても正しい願いとして成就されますことを、と願いながら祈祷いたしました。

その後、私は独立し、この観音様を自在寺の本尊様としてお祀りしております。

火伏せ稲荷を譲り受ける

火伏せ稲荷（荼枳尼天）は、前述のように後醍醐天皇が鎌倉幕府倒幕の祈祷の際に拝んだので、およそ八百年にわたり存在してきたことになります。後醍醐天皇の祈祷より前から存在していたのであれば、さらに長い歴史を持っているということです。

さて、この火伏せ稲荷は、正式には赤石《あかいし》稲荷大明神とお呼びするのですが、その名には、古い由来がありました。

私は、独立して自在寺を建てる前は、伊勢崎市にある同聚院《どうじゅいん》という寺で勤務しておりました。

この寺は平治元年（一一五九）に創建され、当初は赤石山《せきせきざん》同聚院と号しておりました。鎌倉・建長寺の住職を招いて住職となっていただいたという経緯があるため、当初は臨済宗でした。

その後、後醍醐天皇の元徳二年（一三三〇）に、新田義貞が建物を大改修しました。その時に地元の新田郡金竜寺の兼住としたため、曹洞宗となりました。

そしてその際に、後醍醐天皇から新田義貞が賜った火伏せ稲荷（荼枳尼天）を赤石稲荷大明神として祀ったのです。

後醍醐天皇が自ら護摩を焚いて荼枳尼天供を行じ、倒幕を祈願した翌年のことでした。

そしてこの大改修で火伏せ稲荷が祀られた後の元弘三年（一三三三）年に、北条高時追討の綸旨が発せられて新田義貞らが立ち上がり、鎌倉幕府が倒されることになるのです。

さて、同聚院のある伊勢崎は、古くから火災の多いところだったそうですが、この同聚院は戦国時代から戦禍を避けて疎開した後に、「赤」の字が火災を招くされたため山号を「赤石山」から「白樺山《はっかさん》」に変更しています。

第二次世界大戦の空襲で、炎が寺の門前でピタリと止まったと言い伝えられており、これも火伏せ稲荷の霊験と思われます。

伊勢崎とは伊勢の先という意味と取ることもできますが、日本神話に出てくる天岩戸《あまのいわと》にまつわる話として、天照大神が岩戸の中で狐の姿をしていたという伝説があるそうです。

伊勢神宮の祭神が天照大神、そして伊勢の先という意味を見いだせる伊勢崎において火伏せ稲荷が祀られているということに、秘められた符合を感じずにはいられません。


私が独立して自在寺を建てた後に、師から火伏せ稲荷を譲り受けた時、赤い鳥居、赤い祠、赤い厨子に包まれており、まるで火を表しているようでした。

そしてなぜか隣には、大火炎を光背にした秋葉権現も祀られておりました。

寺に伝わる稲荷真言は「オン　チラチラヤ　ソワカ」です。岩戸の中で静かに炎が揺らめいているかのように想像できるではありませんか。

このように、火伏せ稲荷は、後醍醐天皇から新田義貞に渡され、義貞が大改修した同聚院の鎮守神、裏本尊として、師から弟子へと代々二十代にわたり受け継がれ、そして私が建てた自在寺にやってきたという歴史がありました。さらには私は新田氏の系統、堀口氏の末裔ということもあり、深い縁を感じずにはいられません。

私で二十一代になる火伏せ稲荷を、これからも未来に向けて受け継いでいく所存でございます。

観音像を拝する霊骨殿

自在寺では、無縁仏の霊骨殿に観世音菩薩像を拝しています。このことについて、少しお伝えしたいと思います。

観世音菩薩を拝したことは、実は当山の土地護伽藍神としての赤石稲荷大明神（火伏せ稲荷）に由来しています。

仏教の観音様と神道の稲荷様が繋がっていると言われて、よくわからないという方もいらっしゃるかもしれません。

これは「仏が神という仮の姿で現われる」という、いわゆる「神仏習合」

の理論（本地垂迹説《ほんじすいじゃくせつ》）によるもので、江戸時代までは普通の考え方でした。

その考え方でいくと、赤石稲荷大明神を「白辰狐王菩薩」と称する権現、つまり「仮（＝権）に現われた仏」と捉えると、その本地（本来の仏のお姿）は観世音菩薩になります。そのため、無縁塔の上にこの仏を安置し、開眼を施したということです。

平安時代中期、平将門の乱と藤原純友の乱が同時期に起きた、いわゆる承平天慶の乱の頃のこと。

有名な陰陽師・安倍晴明の師であり、当時最も実力があると言われた賀茂忠行《かものただゆき》は、藤原師輔《ふじわらのもろすけ》に、乱を鎮めるため「白衣観音法」を行うことを進言しました。

この「白衣観音」とは、「北斗七星」を指します。そして「九曜息災《くようそくさい》大白衣《だいびゃくえ》観音《かんのん》陀羅尼《だらに》」を唱えれば、あらゆる災禍や乱を鎮めることができるとされ、そのことにより承平天慶の乱も見事に治まったとされます。

第一章にも書きましたように、九曜の星と荼枳尼天信仰の間には深い関係があり、当山の霊骨殿としてふさわしいご供養ができるよう、そして壇信徒の皆さまに観世音菩薩のご加護にて安らかな心持ちで日々をお過ごしいただきたいという思いで、白衣観音を拝することになった次第です。

観世音菩薩像を拝す霊骨殿

笑う晒し首

この話は、夢より始まり、現実世界へとつながっていった。

私が小僧をしていた寺は八百年の歴史があり、寺になる前は、一つの城だった。その時代には敷地内には川があり、橋もあった。

以前、陰陽師の方に見てもらった時、「寺の跡を継ぐのはいいが、背後についてくるモノの事を考えたなら、私なら継ぎません」と言われたことがある。なぜかと問うと、「この寺の因縁は凄まじく、過去には晒し首にされた者達の怨霊も見える……」

その時、なぜか私の脳裡には、寺の最寄りの橋と川の光景が浮かんだ。

その橋と川は昔の時代は城のもの、今では橋は市道になり川も整備されてサイクリングロードもある。

その河原のちょっとした高台の一部の区画に、今でも寺で管理している墓地が五、六家あるにはあるが、陰陽師より言われた言葉をあまり気にも止めずにいた。

それから同じ夢を三日続けて見た。

夢の中で、自分がその橋の上に立っている……しかし橋は現実で見慣れたコンクリートでなく木で造られている。

そして目の前には、侍のような人の晒し首が三、四体……。

映画で見る晒し首は刺してある竹が短いが、その晒し首は長い竹竿に突き刺さっており、橋の上からでもよく顔が確認できるようになっている。

そして突然首たちが笑いだして語りかけてくる。

「お前ら一族は寺に近づくな！　絶対寺に来るな！」

そして夢から解放され目が覚める。

首なしちょうちん（続・笑う晒し首）

笑う晒し首の夢を見てからしばらくして、それを忘れていた。
やや寒くなりかけた頃、犬の散歩のコースをたまには変えようとあの橋のある方へサイクリングロードを通りながら向かっていた。

陽が沈み夜へと差しかかり、辺りは真っ暗になっていった。
犬を二匹連れて、寺のもう一人の従業員と二人で歩いていると、向かい側から光が近づいて来るのが見えた。避けなければと思い、犬の紐をたぐり寄せる。

三十メートルほど前方に光は見えていたが、歩いている人が手にライトを持っていれば普通は光が上下に揺れて見えるものだが、光は真っ直ぐにスーッと近づいて来るので、自転車が来たのだと思っていたが、自転車にしては少し速度が遅い。

よく見ようと凝視していると、白い着物を着ていて、さらに自転車のライトの部分だと思い込んでいたその光は確かにちょうちんだ。


白い着物を着ている体はうっすら透けて後ろの景色が見えていて、おまけに首が無い……。

その瞬間、恐怖を感じ、今起こっていることのまずさを理解し、慌てて逃げ道を探し求めた。

するとサイクリングロードの下へと続く土のむき出した坂が見えたので、もう一人の従業員に声をかけて、「おい！　いいからここを下るぞ！」と坂のほうへ連れ込もうとすると、彼は「なんで？　向こう側から自転車が来ただけだろう」とまったく理解していない。

とにかく「急げ！」と無理矢理そこを逃げ去った。

しかしその夜、再びあの晒し首が夢に出てきた。

「おまえら一族は寺に近づくな、絶対寺に来るな！」

あの首無しが晒し首の本体なのか……そう思うと……。

首なしちょうちん（続続・笑う晒し首）

サイクリングロードの気味悪い体験から一か月ほど経った頃、特に何かあるわけでもなく平和に過ごしていた。

そのせいか晒し首の夢のことも思い起こすこともなく忘れていた。というより、そのことを意識せずに生活を送っていた。

ある夜、急にコーラが飲みたくなり、コンビニに車で出かけて行った。十一時くらいになっていたと思う。無意識にあのサイクリングロードの下の道を選択してしまっていた。

サイクリングロードそのものではなく、その下を走る道なので、あの体験とは頭の中で結びつかなかった。その道には民家も少なく街灯もなく暗いのだが、よく行くラーメン屋があったのでそのイメージの方が強く、怖いという思いもなく車で走っていた。

街灯がなく暗い道だが、左上の方に月が上がっていたので気楽に運転していると、右上にも月が上がっている。

よく見てもそれは本物の月だった。

おかしい……左上の月明かりだと思い込んでいた明かりは何だ？　と思い車を徐行しながら左上の空を見上げると、一か月前に見たあの首なしが白い着物でちょうちんを灯し、今度はサイクリングロードの上に浮いてこちら側を見ている。

慌てて見ないようにしてコンビニに逃げ込んだが、この夜、再び晒し首の悪夢に襲われた。

第四章　石尊山と周辺の歴史・信仰

新田義貞　里見出生説

新田義貞の出生地については諸説あるようですが、里見（現在の高崎市上里見、中里見、下里見。旧・榛名町）で誕生したという伝説が当地に数多く残っています。

下里見の里見川を一望できる南の断崖を背にした丘に、里見城の跡が残っています。これは里見氏の城であると言われ、その一帯を古城《こじょう》と呼びます。

この里見氏は、前述のように源義家を祖としており、新田郡の有力な武士、新田義重の子、義俊が、里見氏の祖といわれます。

新田義重が当時、今の高崎市寺尾町のあたりに寺尾城を築いていましたが、里見氏がその近くの里見に城を構えたことにも、縁を探ることができます。

さて、義俊は地頭（地方役人）として里見郷（現在の榛名町里見）に移り住んで里見を名乗り、里見太郎と呼ばれて、後の里見氏の基礎を築き上げました。

ちなみに、後に里見氏の一部は戦国時代に安房国（現在の千葉県、房総半島）に入り戦国大名となりました。江戸時代になって改易されてしまいますが、その名は後世に記憶され、『南総里見八犬伝』など創作のモチーフとして登場しました。

義俊の次の世代、義成の頃のことです。建久四（一一九三）年、源頼朝が多くの家来を引き連れて浅間山の麓で巻き狩りをしました。

その帰り道に草津の温泉に入り、現在の吾妻町から倉渕村を経て榛名町の里見に辿り着き、神山の常福寺で一休みしました。その時に頼朝が飲んだ一杯の水が非常に美味だったため、「東国一である」と褒め称えたと言います。そしてその礼として、御持仏の地蔵尊一体を寄進し帰路に就いたと言われています。

この義成は、それに遡る治承四（一一八〇）年に頼朝が伊豆で平氏追討の挙兵をした時に大番役で京都にいましたが、馳せ参じて味方に付いたとされています。

しかしそのことは、二世前の義重の頃から平家を討つことを厳しく批判し、頼朝に従属しなかったという理由で兄・義重が新田氏、弟・義康が足利氏に分かれ、足利氏が頼朝に高く評価されて両家が決別していったという歴史があるため、定かとは言えないところです。

さて、時代は下って、新田義貞は里見家の五代・忠義の子として生まれ(一説には養子)、幼名を「里見小五郎」と言い、その後、新田家に養子に入って「小太郎義貞」と呼ばれるようになりました。

里見には義貞、幼名小五郎にまつわる地名がいくつも残っています。小五郎が乗馬の練習をした番場坂、小五郎の住んだ館の跡は小五郎谷戸《がいと》という地名で残っており、そこから現在の高崎市下大島町との境を流れる里見川にかかる橋は小五郎橋と呼ばれています。

その小五郎谷戸から里見川を隔てた上大島北村には、大島山安養寺がありましたが廃寺になり、今は上大島の公会堂となっています。少年小五郎は、この安養寺の名僧より学問を学んだと伝えられています。

　安養寺は新田本家の菩提寺の寺号ですが、同じ山号と寺号がここにもあるということでも、深い因縁を感じるところです。おそらく義貞が新田本家を継いだ後に、恩師のために再興し、菩提寺と同じ山号と寺号に改めたのではないかと言われています。

石尊山周辺に残る神話の薫り

石尊山は、神話に出てくるヤマトタケルノミコト（日本武尊、倭建命）の伝説の舞台でもありました。

景行天皇の命を受けたヤマトタケルノミコトは、反天皇側であった東国の人々を征伐するために、遠く大和の国から遣わされて来ました。

ヤマトタケル一行が馬に乗って碓氷峠を目指す途中、小高い丘に馬を止めます。ヤマトタケルは馬を降りて丘に登ると、石の上でほっとため息をついて休みました。

遠い旅路を毎日のように馬にまたがっていたので、馬に乗ることに飽き飽きしたのでした。

そんなことから、この地はアキウマ（飽き馬）と呼ばれるようになり、やがてアキウマが詰まってアキマ（秋間）となったのだといいます。そしてヤマトタケルが休んだという丘の上には、飽間神社が建てられたのです。

当て字ではありますが、石尊山周辺にある「上秋間」「中秋間」「下秋間」という地名は、このようにはるか太古の神話に由来がありました。

また、ヤマトタケル一行が東国の平定を終えて、吾妻から峰伝いに帰路についた時、石尊山の密林遅滞を通り、苦難を強いられました。

石尊山裏の里見連山まで辿り着いた時に、東の方角に村を発見し、田畑などが見えました。その時にヤマトタケルノミコトが「小里見えたり」

と語ったので、その地名を「里見」というようになったといいます。

その里を目指して下山しようとしましたが、道を見失い迷い込んでしまいました。そこに一羽の雉子が舞い降り、ヤマトタケルノミコト一行を案内するがごとく、尾を振りながら導くように見えたので、付いて行くと里に出られたということです。

その里というのは、今の安中市のことで、前出の里見とは榛名山麓の里見町のことです。安中市と里見町の間には石尊山があり、その近くの峠のことを、雉子ヶ尾峠と呼ぶようになりました。

弘法足跡

石尊山周辺には、弘法大師にちなむ弘法井戸や、めぐみの泉の伝説がたくさん残っています。

自在寺から一番近いところでは、石尊山の真裏にあたる間野という場所に「間野の弘法井戸」があります。

ここにその昔、みすぼらしい姿の僧侶が現われ、婦人から烏川より汲んできた一杯の水を恵んでもらい、お礼に杖で地を突くとそこから清水が湧き出したという伝説があり、そこでは今でもこんこんと水が湧き出しています。

他に、坂本宿を過ぎた碓氷峠にも、同じような話が伝えられており、やはり泉が湧いている場所があります。

このように、この地には、弘法大師の足跡が伝えられています。それはなぜかというと、大日陰の奥、榛名神社の下のほうに、天狗山という山がありますが、その山の東麓に「ぜんだな」という地名があります。その「ぜんだな」に弘法大師が一時期住んでいて、高野山のような寺を建てようとしていたという言い伝えが残っているのです（もし実際にその時この地に寺を建てていたら、この地域の状況は全く違うものになって、自在寺も存在しなかったでしょう）。

そもそも、平安時代の昔、現代のような科学技術がない頃に、どのように土地を選んで寺を建てたのでしょうか。

もちろん、どうでもよい土地を探せば済むというものでは決してありませんでした。おそらく、仏教よりも古く、土地土地の霊力を重視し土着と密接に関わった神道に、その源流を求めることはできるでしょう。また、当時最先端の宗教の布教活動などを考えても、中国から伝わった風水術や地理学、天文学なども寺院建立に駆使されていたでしょう。

伝説では、弘法大師も、この地に寺を建てるための調査として、まず谷の数を数えていたといいます。しかし九十九の谷しかなかったので、高野山に行ってしまったということです。

もし百谷あれば高野山のような寺ができていただろうということですが、実は、本当は百谷あったが、ある豪族がお寺に土地を寄進するのを嫌って、谷を一つ隠して教えなかったのだ、という話も伝わっています。

この話に出てくる九十九谷とは、今の九十九川としての名残りでしょう。「つくも」とは、実は「つくも神」と同じ語源で、神道では不吉とされている名なのです。

弘法大師が住んでいたという「ぜんだな」周辺には、九十九谷という名は存在せず、今は石尊山を安中方面に抜けたところに九十九谷ならぬ九十九川が存在するのみとなっています。

現在知られる神道の古い形態を残すといわれる古神道などでは、神の鎮座する社の場所を定めるにあたり、まず神奈備《かんなび》型の山が求められました。

これは、山容の美しい比較的小さな山のことで、里の近くにあり、その里近くの山の中では、神の降り立つ山として一番高くなければならないとされます。

この石尊山も、過去に、この地では唯一その条件を満たした神奈備山として崇拝された歴史を持ちます。

その名残として、今でも頂上には磐座《いわくら》、磐境《いわさか》が残されています。

もしここに社殿を建てたなら、九十九川を下に見ることができたでしょうが、「ぜんだな」に建てた場合には、逆に石尊山を一山越えて行かねばならず、水も不便であるので、おそらく弘法大師は石尊山に建てようとしていたのではないかと考えております。

石尊山山頂からの眺望（秋、紅葉）

火伏せ稲荷大明神

東日本大震災の翌年、平成二十四年のこと。

お小僧から自分の寺を建ち上げ、独立をしてからすでに二年が経っていた。

二月の初午《はつうま》の日、朝方に夢を見た。狐の神様が出て「我を新寺に迎え入れよ」と言われたのだった。

翌日師匠のいる寺に行き、裏本尊である火伏せ稲荷明神を師より譲り受けた。

それは四十センチくらいの桐箱に入った、大人の体ほどもある絵で、大きな稲荷神が描かれている。八百年も前の稲荷様という。

大切に自宅へ持ち帰り、仏様の供養してある須弥壇（仏像を置く台）に桐の箱を置いて、その日は床に就いた。

ふと夜中にトイレに目が覚めた。家の構造上、トイレに行くには須弥壇の前を通らねばならない。電気をつけないまま須弥壇のそばに来ると、二メートルほどの白狐が須弥壇にもたれかかっている……。

驚いて息を飲んだ。しばらく見ていると、白狐は桐箱の中に吸い込まれるように消えていった。

それから狐様は毎晩現れるようになった。夜中に掛軸の下を引っぱって壁に当てて音を出したり、掛軸をかじったり、寝ている体の真上を横飛びで三十メートルくらい飛び越して「コーン」と鳴いたり、眠れたものではない。しかもその体はいつも炎につつまれている。

そこで安中に建てた新寺院の本堂に六万円の額に入れ開眼供養して祀ると、
やっと治まった。

平成二十四年四月二十五日（狐開眼日）

不思議なお話 ⑫

管行列（くだぎょうれつ）

これは火伏せ稲荷を寺に祀って以来、夜になると部屋によく出てくる。

多い時は三十匹ほど、少ない時は五、六匹。

金縛りにはさせないし悪さもしない。ただ、やんちゃでいたずら好きで、甘えたりもする。

大きさは二十センチくらいで、触った感触はあってもエーテル体なので掴めない。

いろいろな色の管がいて、黒のストライプのシマの入ったのもいれば、白狐のように白いものもいるし、普通の狐のような色の管もいれば、全身黒色のもいてさまざま。

寺で起きた怪現象

左は二〇一〇年、寺で法要中、ろうそくの炎が、突然五十センチくらい高く上がり、式が終わるとこのように、ろうが仏を表す雲流形に変化した時のもの。

右の写真は、寺に火伏せ稲荷様を召喚し初めて法要をした時。この時も炎が五十センチくらい高く上がり、今度は不動の剣のような炎の中に剣があるような形になっていた。

火伏せ稲荷様の描かれた絵には、白い狐が炎に包まれ、このような形の剣を口にくわえて描かれている。

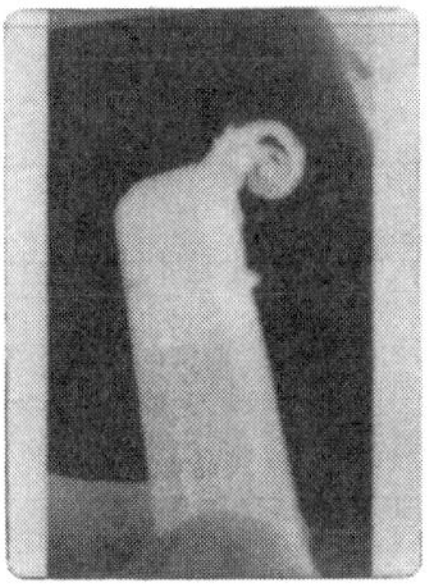

2010年 12月 26日

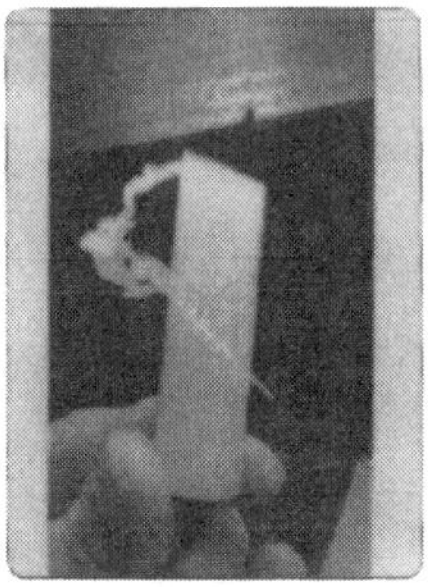

2011年 1月 9日

霊骨殿の観音像

自在寺には観音像があり、足元が霊骨殿になっている。そこではいろいろな理由でお寺に来られた無縁仏様たちがご供養されている。

月に一度、寺の総供養をしているが、とある晩、寺で寝ていると、夜の二時頃なのに外で何十匹ものヒグラシの蝉の鳴き声がしてたたき起こされた。気になって外を見ようと窓を開けると、大量の霧が部屋の中に入ってきた。

カナカナカナカナ〜とヒグラシが気味悪く聞こえてくるが、深山の寺だから仕方ないのかと思い床に就くと、聖なる清々しいような空気が流れてきて、天井が「バキッ」と割れたような音を立てると、観音像の顔が目の前にあり、「火伏せの供養の日、霊骨殿も供養をなさい……」と語り、消えていった。

平成二十四年七月某日

おわりに

最後までお読みいただき、ありがとうございます。

火伏せ稲荷（荼枳尼天）が辿ってきた歴史を中心に、後醍醐天皇そして新田氏、堀口氏の歴史などをお伝えしてまいりました。

その長い流れの一番後ろに、私と自在寺が繋がっていることを思うと、歴史を引き継いでいるのだという深い感慨とともに、これからの自らの責務を感じて引き締まる思いです。

自在寺は、仏教寺院本来の姿に立ち返って、一宗派の枠組みを超えてすべての人に開かれた寺を目指して建立しました。

寺そして僧というのは、あくまでも橋渡しであって、人々の願いや思いを受け止め仏様に伝えるだけの存在でしかありません。

昔から行われてきた信仰が今に復興し、それにより人々の絆が深まり、お参りやちょっとした集まりがこれからの子供たちによき思い出として残り、小川の連なりのように続いていくことを願っております。

最後に、歴史を丁寧に拾い上げ、文をまとめていただいた今日の話題社の高橋秀和様の行力に心より感謝の念をこめ筆をおきます。

合掌

自在寺周辺図

高崎市
至榛東村
至箕郷町
151
室田
上里見町
長野新幹線
里見トンネル
中里見町
雉ケ尾峠
211
下秋間
下里見町
137
406
26
沖町
下大島町
鷹巣城跡
板鼻宿
城下
下野尾
127
10
高崎市

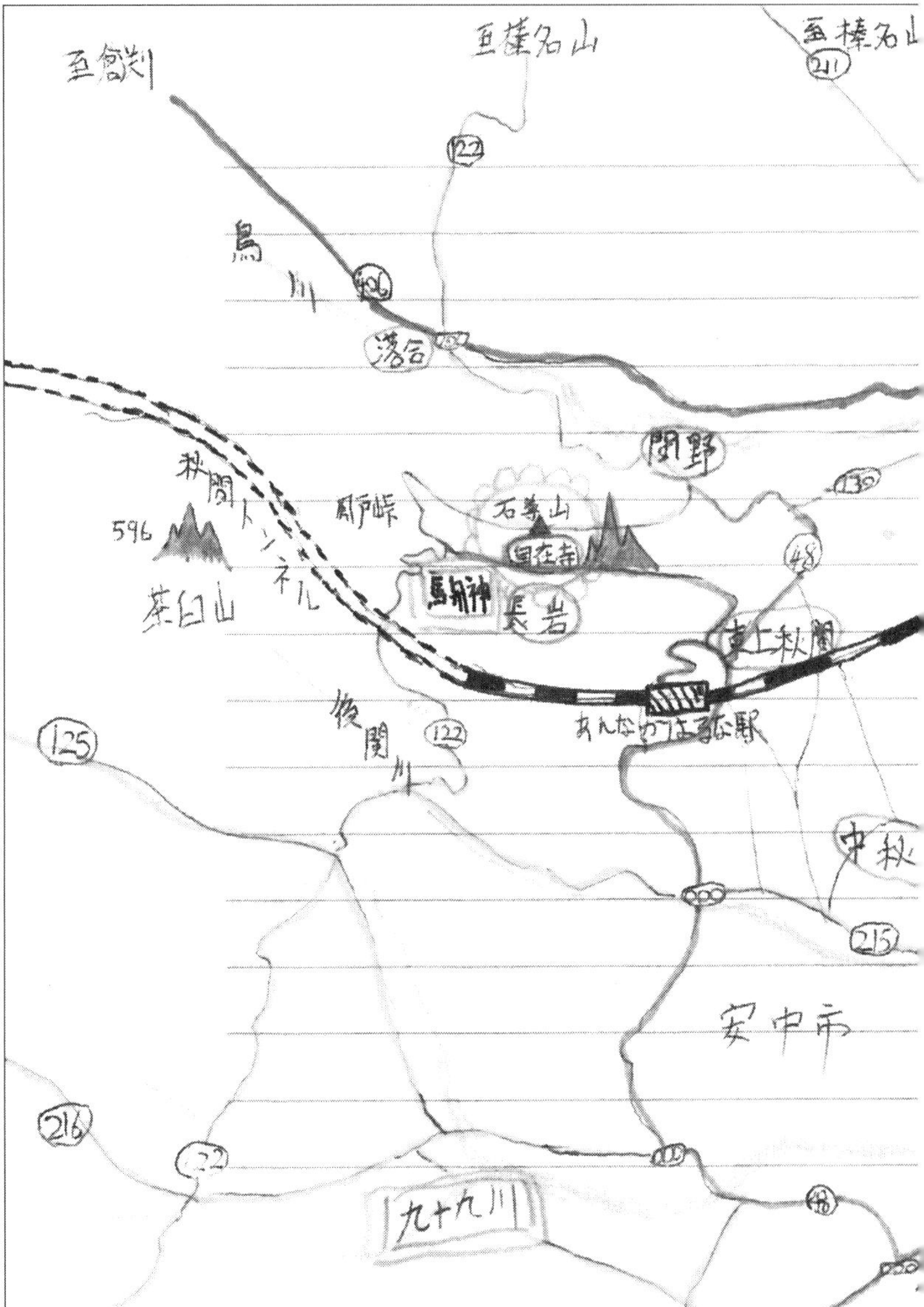
至倉渕
至榛名山
鳥川
406
122
211
落合
秋間トンネル
596
茶臼山
石尊山
自在寺
駒神
長岩
130
48
東上秋間
あんなかはるな駅
後閑川
122
125
中秋
215
安中市
216
22
九十九川
48

堀口禅應（ほりぐち・ぜんおう）

群馬県生まれ。

石川県金沢市の大乗寺専門僧堂にて修業した後、妙義・延命寺住職となる。

その後独立して安中市・石尊山に自在寺を建立し、初代住職となる。

後醍醐天皇が鎌倉幕府倒幕の祈祷で拝し、後に新田義貞から伝えられた火伏せ稲荷（荼枳尼天）を二十一代目として受け継ぎ、自在寺の裏本尊として祀っている。

自在寺　正面

火伏《ひぶ》せ稲荷《いなり》縁起《えんぎ》
鎌倉幕府倒幕の本尊ここに眠る

2021年12月27日　初版第1刷発行

著　者　堀口禅應

発行者　高橋秀和
発行所　今日《こんにち》の話題社《わだいしゃ》
東京都品川区平塚2-1-16 KKビル5F
TEL 03-3782-5231　FAX 03-3785-0882

印刷・製本　イシダ印刷

ISBN978-4-87565-660-9　C0021